Soy Martin Luther King, Jr.

BRAD MELTZER

ilustraciones de Christopher Eliopoulos

traducción de Isabel C. Mendoza

VISTA™

Soy **Martin Luther King, Jr.**

De niño, tenía muchos accidentes.

Un día, mi hermano menor me pegó en la cabeza con un bate de béisbol.

En otras dos ocasiones, me golpeó un carro, sin intención.

Otro día, me deslicé por la barandilla de las escaleras y di volteretas hasta caer en el sótano, pues la puerta estaba abierta.

¡GUAU! ¡TREMENDA CAÍDA!

¿ESTÁS BIEN?

¡PUM!

¡ESTOY BIEN!

Sin importar cuántas veces me cayera, siempre me volvía a poner de pie.

Desde antes de saber leer, ya me gustaban los libros.
Mi padre siempre decía que yo solía estar rodeado de libros.
Yo les decía a mis padres:

CUANDO SEA GRANDE, VOY A USAR PALABRAS PODEROSAS.

Hay poder en las palabras.
En mi futuro había palabras poderosas.

Cuando yo tenía seis años, uno de mis mejores
amigos era el hijo del dueño de una tienda que
había frente
a mi casa.

Mi amigo era blanco; yo era negro. Pero eso no nos importaba.
Jugábamos y nos divertíamos juntos.

Pero todo cambió cuando entramos a la escuela.
Mi amigo iba a una escuela donde todos los niños
eran blancos. Yo iba a una donde todos éramos negros.
Al poco tiempo, me dijo...

NO PUEDO JUGAR MÁS CONTIGO.

¿POR QUÉ?

ME LO DIJO MI PAPÁ. NO QUIERE QUE SEAMOS AMIGOS.

PERO, ¿POR QUÉ? TÚ ERES UNO DE MIS *MEJORES* AMIGOS, ¿O NO?

¿NO LO ERES?

Yo no entendía.
No tenía sentido.

A la hora de la cena, mis padres me lo explicaron...

ES PORQUE TÚ ERES NEGRO Y ÉL ES BLANCO.

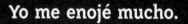

¿CÓMO ES POSIBLE QUE ME TRATEN DIFERENTE SOLO POR MI COLOR DE PIEL?

Quería odiar a mi amigo y a su padre.

Pero mis padres me dijeron que hiciera lo contrario: que debía amar a mi amigo, aunque me hubiera ofendido. Me enseñaron que, en la vida, es mejor que haya amor y no odio.

Después, mi mamá me enseñó lo más importante de todo...

ERES TAN BUENO COMO CUALQUIER OTRA PERSONA.

NUNCA DEBES SENTIR QUE ERES MENOS QUE OTROS.

Yo quería creer aquello, pero lo que veía a diario era todo lo contrario. Veía que a uno lo podían tratar de manera injusta solo por el color de la piel.

Si eras blanco, asistías a una buena escuela, con parques increíbles y muchos libros.

Si eras negro, tu escuela era pequeña y, a veces, no tenía escritorios o tan siquiera ventanas.

Eso no solo pasaba en las escuelas. La gente negra tenía que usar diferentes bebederos de agua, diferentes ascensores y hasta diferentes baños.

De hecho, en un día caluroso, cuando todos queríamos helado, los blancos se podían sentar en las heladerías y les servían en unas tazas bonitas. Pero, como yo era negro, si llegaban a venderme un helado, me atendían por una ventana lateral y ponían mi helado en una endeble taza de papel.

Las cosas empeoraron cuando cumplí los catorce años.

Acababa de ganar un concurso de oratoria. Mi discurso trataba sobre ser justos con todas las personas.

Estaba emocionado.

Entonces, al autobús que me llevaba a casa, subieron unas personas blancas.

Primero, me quedé quieto. No me parecía justo.

Pero mi maestra me convenció de que me levantara.

El resto del viaje lo hicimos de pie, zarandeándonos para todos lados.

Así era la vida todos los días. A la gente negra la trataban muy mal. Y yo me preguntaba...

¿Qué podía hacer yo al respecto?
A los quince años, entré a la universidad.
A los diecinueve, me hice pastor e ingresé
a un seminario para estudiar religión.

DURANTE ESOS AÑOS, LEÍ LAS OBRAS DE HENRY DAVID THOREAU Y MAHATMA GANDHI.

THOREAU ME ENSEÑÓ SOBRE LA "DESOBEDIENCIA CIVIL": CÓMO SE PUEDE CAMBIAR UN SISTEMA MALVADO SIN USAR LA VIOLENCIA.

GANDHI ME ABRIÓ LA MENTE AL PODER DEL...

¿"LA RESISTENCIA NO VIOLENTA"? ¿QUÉ ES ESO?

AMOR.

SE TRATA DE USAR EL AMOR Y MÉTODOS PACÍFICOS PARA CAMBIAR LAS INJUSTICIAS DE UNA SOCIEDAD.

Yo quería enseñarle
eso a todo el mundo.

Mi oportunidad para ponerlo en práctica no tardó en llegar.

En Alabama, a una mujer negra llamada Rosa Parks le dijeron que le cediera el asiento en un autobús a un pasajero blanco; como me había pasado a mí.

Pero ella hizo lo contrario a lo que hice yo: se negó. Entonces, la arrestaron.

Al día siguiente, muy temprano, me llamó un líder comunitario de la localidad.

Era lo que enseñaba Thoreau.

En lugar de usar la violencia para protestar contra las normas injustas, los negros usaríamos métodos pacíficos: no usaríamos los autobuses públicos.

Al dejar de recibir nuestro dinero, las compañías de autobuses quebrarían.

Nuestra única duda era esta: ¿funcionaría?

El primer día de la protesta, mi esposa me dijo que me asomara a la ventana.

¡TODOS LOS AUTOBUSES VAN VACÍOS!

¡ESTÁ FUNCIONANDO!

Teníamos que continuar. Como líder del boicot a los autobuses, pronuncié uno de los discursos más importantes de mi vida.

El lugar estaba repleto. Había camarógrafos filmando el evento.
Solo tuve veinte minutos para prepararme. No usé notas.
Hablando simplemente con el corazón, me di cuenta de lo poderosas
que podían ser las palabras.

ESTAMOS DECIDIDOS, AQUÍ EN MONTGOMERY, A TRABAJAR Y LUCHAR HASTA QUE LA JUSTICIA CORRA COMO AGUA Y LA RECTITUD, COMO UN CAUDALOSO RÍO.

CUANDO LOS LIBROS DE HISTORIA SE ESCRIBAN EN EL FUTURO, ALGUIEN TENDRÁ QUE DECIR: "HUBO UNA RAZA HUMANA, GENTE NEGRA... QUE TUVO EL VALOR MORAL DE LEVANTARSE POR SUS DERECHOS".

La policía me encarceló, alegando que yo estaba violando la ley.
Otras personas bombardearon mi casa.
Pero yo, en lugar de usar mis puños, mantuve la calma.

Durante más de un año, todas las personas negras de la ciudad,
y también algunas blancas, se negaron a usar los autobuses.

Para algunos, eso significaba tener que caminar muchas millas;
pero nada los detuvo.

La unión generaba fuerza.

Al fin, nuestra protesta pacífica dio frutos. Se cambiaron las normas.

Ya no se podía separar a la gente en los autobuses públicos
a causa del color de la piel.

Ese fue apenas el comienzo.

Muy pronto, nuestra protesta pacífica desencadenó otras protestas pacíficas.

En restaurantes, los estudiantes universitarios hacían "sentadas", en las que no se rendían hasta que todos pudieran comer juntos.

Nuestros métodos de no violencia eran tan poderosos que me invitaron a reunirme con el presidente en la Casa Blanca.

Pero, a veces, los problemas más difíciles estaban en casa.

Ese momento en el que vi a mi hija llorar fue uno de los más tristes de mi vida.

Me hizo trabajar aún más duro por el cambio.

¿Fue fácil? Por supuesto que no.

Durante una protesta en Birmingham, Alabama, la policía volvió a arrestarme. Me encerraron en una celda oscura que solo tenía una ventana.

LA INJUSTICIA EN CUALQUIER PARTE ES UNA AMENAZA A LA JUSTICIA EN TODAS PARTES.

Alguien me hizo llegar un periódico en el que unos líderes religiosos blancos habían escrito un artículo en el que nos llamaban "malhechores".

Luego, otra persona me pasó un bolígrafo a escondidas.

En aquella celda, escribí mi respuesta a ese artículo en los márgenes del periódico y hasta en papel higiénico.

Al poco tiempo, "Carta desde la cárcel de Birmingham" se publicó como un folleto.

Luego la publicaron revistas y periódicos.

Hasta hoy, millones de personas la han leído.

Como ya dije, es increíble lo que pueden hacer las palabras *poderosas*.

Nuestro mensaje fue tan importante que hasta niños de tu edad se unieron a nuestra causa.

En la Cruzada Infantil de Birmingham, marcharon más de mil niños, algunos de apenas seis años de edad.

El primer día, la policía arrestó a 900 niños.

Al día siguiente, aparecieron 2500 niños más, dispuestos a ir a la cárcel.

FIN A LA

NO MÁS

DERECHOS CIVILES

¡DERECHOS IGUALITARIOS YA!

DERECHOS CIVILES

NO MÁS SEPARACIÓN

¡LIBERTAD YA!

DIGAN NO A LA SEGREGACIÓN

TERMINEN LA SEGREGACIÓN

SOY UNA PERSONA

¡IGUALDAD YA!

¡LIBERTAD!

Ese fue nuestro mejor momento.

Furioso, porque no nos rendíamos, el jefe de la policía les ordenó a los bomberos que mojaran a los niños con mangueras y los atacaran con perros.

Pensaron que eso nos detendría.

Lo que sucedió, en cambio, fue que todo el país vio por televisión cómo trataban a nuestros niños. Fue un despertar para la conciencia nacional.

A los noventa días, comenzaron a cambiar las normas. Los negros y los blancos de Birmingham podían ahora usar las mismas barras de los restaurantes, los mismos bebederos y los mismos baños.

Lo podías sentir en el ambiente...

Vendrían más cambios.

La libertad era contagiosa.

Para el verano de 1963, alrededor de un millón de estadounidenses habían participado en sus propias protestas en ciudades de todo el país.

Un hombre llamado A. Philip Randolph propuso hacer una gran marcha.

Llegó gente de casi todos los estados.

Llegaron en casi todos los tipos de medios de transporte.

Algunos, hasta faltaron al trabajo para estar allí, a pesar de que no les pagaron ese tiempo.

Llegó gente mayor y gente joven; gente negra y gente blanca; incluso niños como tú. Todos llegaron hasta Washington, D. C. para unirse a un ejército de justicia.

¿Por qué?

Porque querían un cambio.

Y sabían que unirse es la manera más eficaz de cambiar el mundo.

ME HACE FELIZ REUNIRME HOY CON USTEDES EN LO QUE PASARÁ A LA HISTORIA COMO LA MAYOR MANIFESTACIÓN POR LA LIBERTAD EN LA HISTORIA DE NUESTRA NACIÓN.

El 28 de agosto de 1963, subí al podio y pronuncié las que, según se dijo después, fueron mis palabras más poderosas.

LA MARCHA DE WASHINGTON POR EL TRABAJO Y LA LIBERTAD

SUEÑO QUE MIS CUATRO HIJOS VIVIRÁN ALGÚN DÍA EN UNA NACIÓN DONDE NO SERÁN JUZGADOS POR SU COLOR DE PIEL SINO POR LOS RASGOS DE SU PERSONALIDAD.

SUEÑO QUE UN DÍA... LOS NIÑOS Y NIÑAS AFROAMERICANOS PODRÁN TOMARSE DE LAS MANOS CON LOS NIÑOS Y NIÑAS BLANCOS, COMO HERMANOS Y HERMANAS.

QUE RESUENE LA LIBERTAD...

DESDE TODOS LOS LADOS DE LAS MONTAÑAS, ¡QUE RESUENE LA LIBERTAD!

Después de la Marcha de Washington, el presidente y el Congreso aprobaron leyes para proteger los derechos civiles. Pero nuestro trabajo no había terminado. Todavía nos faltaba librar la mayor batalla.

Comenzó cuando 600 activistas intentaron marchar 54 millas, desde Selma, Alabama, hasta Montgomery, la capital estatal.

En aquel entonces existían leyes que impedían a la gente negra votar. Si quieres *cambiar* las leyes, tienes que poder participar en la elección de la gente que *hace* las leyes.

ESTAMOS MARCHANDO PARA HABLAR CON EL GOBERNADOR.

¡QUEREMOS EL DERECHO AL VOTO!

¡ESTA BRUTALIDAD TIENE QUE TERMINAR!

PASE LO QUE PASE, NO LOS DEJEN AVANZAR.

La policía tenía porras y gases lacrimógenos.

Atacaron a nuestro grupo e hicieron caer a muchos. Pero, como yo había aprendido tiempo atrás, uno se tiene que levantar.

Sin importar cuán fuerte nos golpearan, permanecimos pacíficos.

Sin embargo, no pudimos pasar.

Lo volvimos a intentar dos días después.
Esta vez éramos 2500 personas.

Volvíamos a intentarlo.
Y una vez más, no logramos pasar.
¿Nos rendimos?

¿Qué crees *tú*?

Era el domingo 21 de marzo de 1965. Nuestro tercer intento.
Ahora nos acompañaban 8000 personas.

Marchamos durante dos días.
La lluvia no nos detuvo.
El mundo entero nos estaba observando. También la Casa
Blanca. El presidente Johnson envió tropas para protegernos.

El cansancio no nos detuvo.
Hubo muchas lágrimas cuando llegamos a Montgomery.
Pero, esta vez, eran lágrimas de alegría.

Toda mi vida me encontré con gente que quiso decirme que yo no era tan bueno como ellos, solo por mi color de piel.

Cuando alguien te ofende así, podrías sentir la tentación de devolverle la ofensa.

Tienes que negarte a hacerlo.

Cuando alguien te demuestre odio, demuéstrale amor.

Cuando alguien te trate con violencia, trátalo con amabilidad.

Para alcanzar nuestras metas, tenemos
que caminar por el sendero de la paz.
Tenemos que tomarnos de las manos,
firmemente, con nuestros hermanos y hermanas.
Tenemos que marchar juntos.
Solo así...

Soy Martin Luther King, Jr.

Defiendo la paz.

Defiendo la justicia.

Defiendo la necesidad de ayudar a otros.

Soy una prueba de que, sin importar lo dura que sea la batalla, debemos luchar por lo que es justo y trabajar para cambiar lo que está mal.

Sea cual sea el problema que enfrentes, sin importar lo difíciles que se pongan las cosas, siempre tienes que avanzar.

Yo soy prueba de ello.

Si nos levantamos,

si luchamos juntos,

si permanecemos unidos,

nada podrá detener nuestro sueño.

"Siempre es el momento correcto para hacer lo correcto".
—Martin Luther King, Jr.

Línea cronológica

15 DE ENERO DE 1929	1948	1951	18 DE JUNIO DE 1953	1955–1956
Nace en Atlanta, Georgia.	Se gradúa en la Universidad Morehouse.	Se gradúa en el Seminario Teológico Crozer.	Se casa con Coretta Scott.	Lidera el boicot de autobuses de Montgomery.

En la Marcha
de Washington

Martin con su
esposa y sus hijos

16 DE ABRIL DE 1963	28 DE AGOSTO DE 1963	10 DE DICIEMBRE DE 1964	21–25 DE MARZO DE 1965	4 DE ABRIL DE 1968	1986
Escribe la "Carta desde la cárcel de Birmingham".	Pronuncia el discurso "Sueño que un día" en la Marcha de Washington.	Recibe el Premio Nobel de la Paz.	Marcha de Selma a Montgomery.	Es asesinado en Memphis, Tennessee.	Se celebra por primera vez el Día de Martin Luther King, Jr.

Para mi suegro, Bobby Flam, quien tuvo la entereza de defender el mensaje del doctor King en el restaurante Jumbo's. Te quiero por lo que has hecho por mí; te admiro por lo que has hecho por otros.

—B. M.

Para mi cuñado, James Verde. Jippy, te considero un hermano y una de las personas más empáticas y consideradas del planeta. Siempre pones a los que amas antes que a ti mismo. Eres mi héroe.

—C. E.

En aras de la precisión histórica, usamos los diálogos reales de Martin Luther King, Jr. siempre que fue posible. Para más citas textuales del doctor King, recomendamos y reconocemos *The Autobiography of Martin Luther King, Jr.*, editada por Clayborne Carson.

Un agradecimiento especial para el representante John Lewis y para Bacardi Jackson, Michele Norris y Brad Desnoyer por sus comentarios a los primeros borradores.

....

FUENTES

The Autobiography of Martin Luther King, Jr., editada por Clayborne Carson (Warner, 2001)
Let the Trumpet Sound: A Life of Martin Luther King, Jr., Stephen B. Oates (Harper Perennial, 2013)
Stride Toward Freedom: The Montgomery Story, Martin Luther King, Jr. (Beacon Press, 2010)
Where Do We Go From Here: Chaos or Community?, Martin Luther King, Jr. (Beacon Press, 2010)
March: Book One, John Lewis, Andrew Aydin y Nate Powell (Top Shelf Productions, 2013)

MÁS LECTURAS PARA NIÑOS

Celebra el Día de Martin Luther King, Jr. con la clase de la Sra. Park, Alma Flor Ada y F. Isabel Campoy (Loqueleo, 2006)
¿Qué fue la Marcha de Washington?, Kathleen Krull (Loqueleo, 2015)
Las poderosas palabras de Martin: la vida del doctor Martin Luther King, Jr., Doreen Rappaport (VHL/Santillana USA, 2021)

....

© 2024, Vista Higher Learning, Inc.
500 Boylston Street, Suite 620
Boston, MA 02116-3736
www.vistahigherlearning.com
www.loqueleo.com/us

© Del texto: 2016, Forty-four Steps, Inc.
© De las ilustraciones: 2016, Christopher Eliopoulos

Publicado originalmente en Estados Unidos bajo el título *I Am Martin Luther King, Jr.* por Dial Books for Young Readers, un sello de Penguin Random House LLC, Nueva York.
Esta traducción ha sido publicada bajo acuerdo con Forty-four Steps, Inc. y Christopher Eliopoulos c/o Writers House LLC.

Dirección Creativa: José A. Blanco
Vicedirector Ejecutivo y Gerente General, K–12: Vincent Grosso
Desarrollo Editorial: Salwa Lacayo, Lisset López, Isabel C. Mendoza
Diseño: Radoslav Mateev, Gabriel Noreña, Andrés Vanegas, Manuela Zapata
Coordinación del proyecto: Karys Acosta, Tiffany Kayes
Derechos: Jorgensen Fernandez, Annie Pickert Fuller, Kristine Janssens
Producción: Thomas Casallas, Oscar Díez, Sebastián Díez, Andrés Escobar, Giovanny Escobar, Adriana Jaramillo, Daniel Lopera, Daniela Peláez, Daniel Tobón
Traducción: Isabel C. Mendoza

Soy Martin Luther King, Jr.
ISBN: 978-1-66991-520-1

Foto de la página 38, © Flip Schulke/Corbis. Página 39, foto de la Marcha de Washington, © Hulton-Deutsch Collection/Corbis; foto de la familia King, © Globe Photos/ZUMA Press/Corbis.

Printed in the United States of America

1 2 3 4 5 6 7 8 9 GP 29 28 27 26 25 24